中国的世界遗产

洋洋兔 编绘

泰山出版社·济南·

图书在版编目（CIP）数据

中国的世界遗产 / 洋洋兔编绘． -- 济南：泰山出版社，2020.12
（漫游中国系列）
ISBN 978-7-5519-0182-6

Ⅰ．①中… Ⅱ．①李… ②洋… Ⅲ．①中华文化—儿童读物 Ⅳ．① K203-49

中国版本图书馆 CIP 数据核字（2020）第 219312 号

责任编辑　池　骋
装帧设计　洋洋兔

ZHONGGUO DE SHIJIE YICHAN
中 国 的 世 界 遗 产

出版发行：泰山出版社
社　　址：济南市泺源大街 2 号　邮编：250014
电　　话：综 合 部（0531）82023579　82022566
　　　　　市场营销部（0531）82025510　82020455
网　　址：www.tscbs.com
电子信箱：tscbs@sohu.com
印　　刷：朗翔印刷（天津）有限公司
开　　本：190mm×210mm　24 开
印　　张：1.5
字　　数：80 千字
版　　次：2021 年 1 月第 1 版
印　　次：2021 年 1 月第 1 次印刷
标准书号：ISBN 978-7-5519-0182-6
定　　价：20.00 元

目 录

- 1　**什么是世界遗产**
- 2　**泰山**——登泰山而小天下
- 4　**莫高窟**——墙壁上的美术馆
- 6　**秦始皇陵及兵马俑坑**——秦朝辉煌的再现
- 8　**黄山**——天下第一奇山
- 10　**承德避暑山庄**——天下之缩影
- 12　**布达拉宫**——世界屋脊上的明珠
- 14　**乐山大佛**——世界第一大佛
- 16　**苏州古典园林**——文人心中的山水自然
- 18　**天坛**——明清时期的皇家祭坛
- 20　**殷墟**——商朝历史的证明者
- 22　**福建土楼**——泥土筑成的堡垒
- 24　**西湖**——四季风景皆是诗
- 26　**红河哈尼梯田**——中国最美的山岭雕刻
- 28　**大运河**——千年之运，大工之河
- 30　**丝绸之路**——跨越千年的文明之路

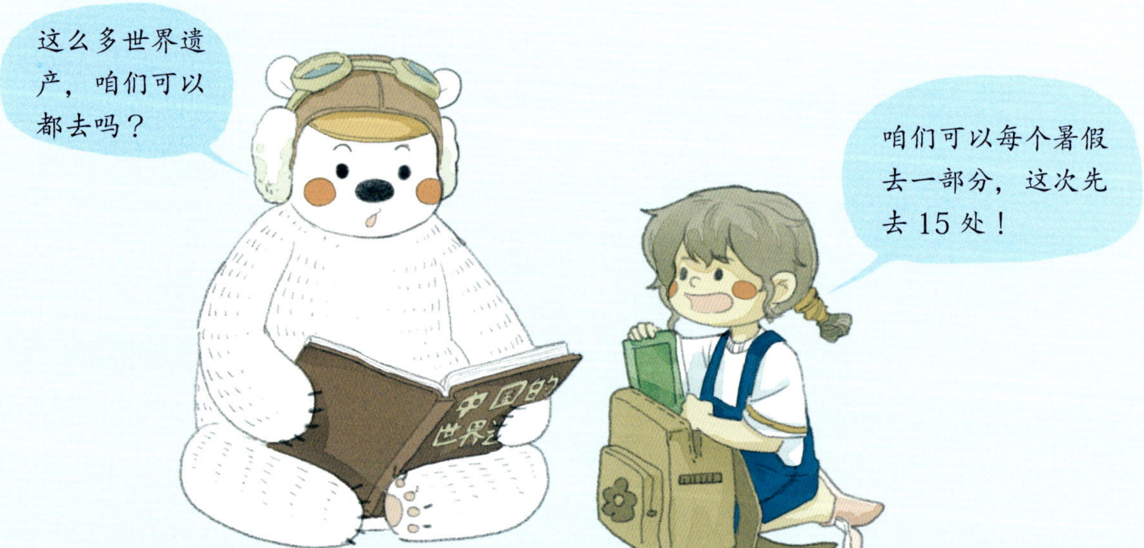
这么多世界遗产，咱们可以都去吗？
咱们可以每个暑假去一部分，这次先去 15 处！
中国的
世界

什么是世界遗产

小朋友，你在地图上见到过""这个标志吗？它是什么意思呢？其实，它就是世界遗产的标志。

世界遗产是一项由联合国支持、联合国教育科学文化组织负责执行的国际公约建制，它以保存对全世界人类都具有杰出普遍性价值的自然或文化处所为目的，分为自然遗产、文化遗产和复合遗产三大类。

我国是世界上拥有世界遗产数量最多的国家之一，与意大利并列第一。截至2019年，共有55处"中国的世界遗产"被列入《世界遗产名录》，其中自然遗产14项、文化遗产37项、文化与自然双重遗产4项。

我们的首都北京是世界上遗产数量最多的城市，拥有的世界遗产多达7项。

> 我看看……第一个目的地是——泰山！太好了，去爬山喽！

> 哈哈，等到了十八盘，你可别哭出来啊！

你是不是很好奇这些世界遗产都是什么样子的呢？跟随灿烂熊和阿朵朵的脚步，一起去看看吧！

泰山——登泰山而小天下

"会当凌绝顶，一览众山小。"小朋友，你听过这句诗吗？这句诗来自杜甫的《望岳》，因为生动地体现了五岳之首——泰山的大气磅礴（páng bó），成为千古传诵的名句。

传说，盘古开天辟地，死后头部化为泰山。泰山位于山东省泰安市内，山体雄伟，景色秀丽。春秋时期，孔子曾登上泰山，发出"登泰山而小天下"的感叹，足见泰山的豪迈、雄奇。

泰山是五岳中的东岳。在我国的传统文化中，东方是万物交替、初春发生的地方，所以泰山虽然不是五岳中海拔最高的，却被视为五岳之首，享有"五岳独尊"的称誉。

● 公元前219年，秦始皇率领文武百官到泰山封禅。

泰山曾是古代帝王祈求国泰民安和举行封禅大典的地方。封禅是一种皇帝受命于天的典礼，我国历史上有多位皇帝到泰山举行封禅大典，第一位是我国历史上的首位皇帝——秦始皇。

泰山上有众多道观、庙宇，还有许多碑刻、摩崖石刻（直接刻在天然崖壁上的字）等，这些统称为"泰山石刻"。泰山现存石刻1500多处，被誉为"天然石刻博物馆"。

莫高窟——墙壁上的美术馆

在敦煌鸣沙山东边的断崖上，有一座南北长约1600米的"墙壁上的美术馆"，它是著名的佛教艺术殿堂——莫高窟。

1600多年前，一位名叫乐僔的僧人走到鸣沙山，忽然看见金光闪耀，好像万佛现世，于是在岩壁上开凿了第一个洞窟。

乐僔之后，无数虔（qián）诚的僧侣来到这里，叮叮当当的开凿声响彻千年。后来，随着丝绸之路被废弃，莫高窟才逐渐停止了兴建，消失在世人眼中，直到300多年前才重新被人发现。

莫高窟现存洞窟735个，壁画4.5万平方米，泥质彩塑2415尊，是世界上现存规模最大、内容最丰富的佛教艺术宝库，被誉为"世界艺术画廊"。

● 莫高窟第45窟，里面有许多精美的壁画和塑像。

小朋友，你见过飞天吗？飞天是莫高窟壁画中常见的形象之一，他们是侍奉、供养佛的神灵。传说每当佛讲经时，便会有飞天出来凌空飞舞、奏乐撒花。

- 莫高窟的标志性建筑——九层楼，其实是覆盖在第96窟外面的保护性建筑。那第96窟有什么呢？说出来你一定会惊讶，有一座35米多高的弥勒佛坐像哦！

- 莫高窟壁画中的飞天

秦始皇陵及兵马俑坑
——秦朝辉煌的再现

秦始皇嬴政是中国历史上的第一位皇帝，他的陵墓——秦始皇陵，也是中国历史上第一个规模宏大、布局讲究且保存完整的帝王陵墓，就坐落在秦朝都城咸阳（今陕西省西安市）的骊山脚下。

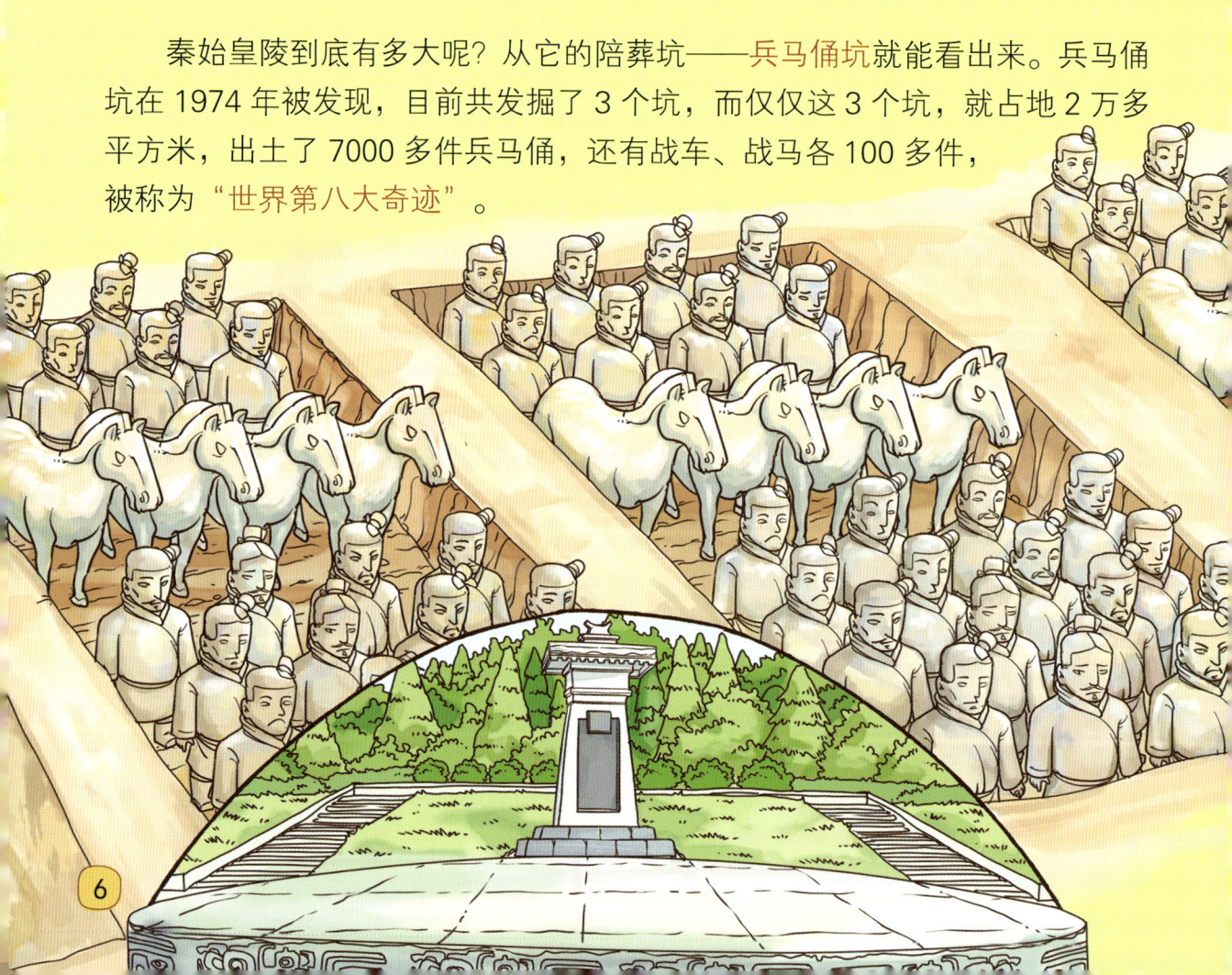

秦始皇陵到底有多大呢？从它的陪葬坑——兵马俑坑就能看出来。兵马俑坑在1974年被发现，目前共发掘了3个坑，而仅仅这3个坑，就占地2万多平方米，出土了7000多件兵马俑，还有战车、战马各100多件，被称为"世界第八大奇迹"。

兵马俑数量庞大，但每个人的表情、服饰和发型都各不相同，千人千面，栩（xǔ）栩如生。它们以秦国作战的队形排列在俑坑中，再现了秦国军队的作战情景，气势恢宏，威风凛（lǐn）凛。

我们平均身高1.8米，个个都是帅哥。

军吏俑　御手俑　跪射俑　立射俑　将军俑

● 形态各异的兵马俑

秦始皇陵共修建了39年。嬴政刚登上秦国王位时，就开始为自己修建陵墓了。他统一六国，建立秦朝后，还加大了陵墓的修建规模。

秦朝末年，农民起义爆发，秦始皇的儿子秦二世不得不紧急调用修陵的苦力前去平乱，导致陵墓只能草草完工，而秦朝也很快灭亡了。

黄山——天下第一奇山

黄山位于安徽省黄山市，古时因为山势险峻，所以交通闭塞，人迹罕至。

黄山最初并不叫黄山。唐朝时，唐玄宗将这座山的名字改为黄山，因为他信奉道教，而这里传说是黄帝炼丹并得道成仙的地方。之后，这处仙境便在人间有了名气，无数文人墨客来到黄山，留下了众多名篇佳作。

明朝旅行家、地理学家徐霞客曾两次登上黄山，他盛赞黄山："薄海内外之名山，无如徽之黄山。登黄山，天下无山，观止矣！"这句话后来被人们引申为"五岳归来不看山，黄山归来不看岳"。

● 明朝旅行家徐霞客

黄山以奇松、怪石、云海、温泉"四绝"著称，享有"天下第一奇山"的美誉。你知道吗？黄山还被称为"中国山水画的摇篮"呢！这是因为明末清初有一群山水画家，他们潜心体悟黄山美景，形成了"黄山画派"，并影响了中国山水画的发展。

● 黄山画派

承德避暑山庄——天下之缩影

在炎热的夏季，人们都喜欢去凉爽的地方消夏。如果你的选项里有承德避暑山庄，那你就和清朝皇帝想到一起啦！

承德避暑山庄又叫"热河行宫"，是中国现存占地面积最大的古代帝王宫苑。避暑山庄始建于1703年，历经清朝的康熙、雍正、乾隆三位皇帝，共修建了89年。

在没有空调的清朝，承德避暑山庄是皇帝避暑和处理政事的好去处。关于它的修建，要从木兰围场说起。

● 木兰秋狝

为巩固北部边防，康熙帝在内蒙古草原修建了木兰围场。每到秋天，康熙帝就会带领王公大臣和八旗精兵去那里狩猎，这种围猎盛事史称"木兰秋狝（xiǎn）"。

为了解决这些人的吃住问题，康熙帝在北京到木兰围场之间修建了21座行宫，热河行宫就是其中之一。

避暑山庄"网罗"了全国各地的名胜古迹，嘉兴烟雨楼、苏州狮子园、杭州六和塔……置身庄内，大好风光可尽收眼底，真可谓"移天缩地在君怀"。

● 烟雨楼

● 外八庙
避暑山庄外还修建了十多座寺庙，大部分也是仿照其他地方的寺庙修建的。

布达拉宫——世界屋脊上的明珠

小朋友,你见过 50 元人民币背面的图案吗?上面有一座和我们平时住的房子不太一样的建筑,它就是被誉为"世界屋脊上的明珠"的布达拉宫。

布达拉宫高耸在西藏自治区拉萨市西北的红山上,是一座规模宏大的藏族风格建筑,最初是由吐蕃王朝松赞干布兴建的。

1300多年前，松赞干布统一西藏，建立了强大的吐蕃政权。后来，他为了迎娶尼泊尔尺尊公主和唐朝的文成公主，修建了宫殿，并将这座宫殿命名为"布达拉宫"。

● 文成公主入藏

不过，最初的布达拉宫在吐蕃灭亡时几乎全毁了。1645年，五世达赖喇嘛重建了布达拉宫，后来经过多次整修和扩建，布达拉宫最终形成了现在的规模。现在的布达拉宫，有房间近万间，群楼巍峨，十分壮观。

乐山大佛——世界第一大佛

在四川省乐山市凌云山栖鸾峰的临江峭壁上，有一座 70 多米高的大佛——乐山大佛。乐山大佛濒临岷江、青衣江和大渡河的交汇处，是世界上最高的石佛像。

乐山大佛全称"嘉州凌云寺大弥勒石像"，最初开凿于 713 年（唐朝）。大佛所在的位置，因为水势凶猛，所以经常发生船毁人亡的惨剧。传说为了减缓水势，祈祷平安，一个叫海通的和尚决定募集善款，修建大佛。

交出善款！

自目可剜，佛财难得。

海通和尚

● 海通和尚拒绝交出善款。

然而，大佛的修建过程并非一帆风顺。据说，募集的善款引来当地官员的觊觎（jì yú），海通为了保护善款，当场挖出了自己的眼睛，把官员吓得仓皇逃跑，从此不敢再来索要善款。

大佛修到肩膀时，海通就去世了。后来，大佛又经历了两位负责人，直到贞观十九年（803年）才修造完成。修造大佛历时约90年。

　　大佛刚建好时，外表涂有颜料，镶嵌着宝石和金箔，而且也不像现在这样"露天"，外面还有一座13层的木阁保护。现在木阁已经被完全损毁了，但大佛依然俯瞰着滚滚江水，护佑着往来的船只和行人。

苏州古典园林
——文人心中的山水自然

上有天堂，下有苏杭。 苏州地处江南水乡，水系发达，周边盛产太湖石。人们将水的柔美与石的壮美巧妙地结合在一起，造就了大大小小的园林。

公元前514年，**吴王阖闾**（hé lǘ）命**伍子胥**在太湖修建都城，这就是后来的苏州。苏州古典园林的历史，和苏州建城的历史一样悠久，可以追溯到吴王的苑囿（yòu）。

苏州现在有记载的最早的私家园林是东晋时期的**辟疆园**，此后历代文人名士来这里造园，到了明清时期，私家园林已经遍布苏州城内外了。

苏州园林现存 50 多处，拙政园、留园、网师园和沧浪亭等建筑都是著名的苏州园林的代表。

苏州园林一般占地面积不大，但以意境见长，以独具匠心的艺术手法，在有限的空间内点缀安排，移步换景，变化无穷。

● 网师园"竹外一枝轩"

● 狮子林的假山

俗话说，"大隐隐于市"，一座座修建在人口密集区的园林，如同"城市山林"一般，表达了古代文人"隐于市"的愿望，也吸引着我们去闹市中寻找一份宁静。

天坛——明清时期的皇家祭坛

天坛是什么地方？它和坛子有什么关系吗？其实，天坛是一个祭祀场所，是 明清两朝皇帝祭天和祈祷五谷丰登的地方。

● 祈谷坛的中心建筑——祈年殿，是春季祈祷丰收的地方，有三层殿顶。殿顶原本为青、黄、绿三色，寓意天、地、万物，后来统一改为了象征天空的青色。

在我国古代，祭天是十分重要的政治活动。出于风调雨顺、五谷丰登的美好愿望，以及对雷电等自然灾害的畏惧，人们很早就开始祭天了。古代皇帝对天无比崇敬，自称"天子"，在登基时必定会举行祭天大典，表示自己受命于天，以求江山稳固。

天坛便是明清时期等级最高的皇家祭祀建筑，不仅在布局、规模、用料等方面极为考究，设计理念上也融入了"天人合一"的思想。例如，天坛外形北圆南方，遵循的便是古人"天圆地方"的理念。

天坛的主要建筑——圜丘坛和祈谷坛同在一条纵贯南北的中轴线上。圜丘坛在南，包括圜丘、皇穹宇等；祈谷坛在北，包括祈年殿、皇乾殿等。

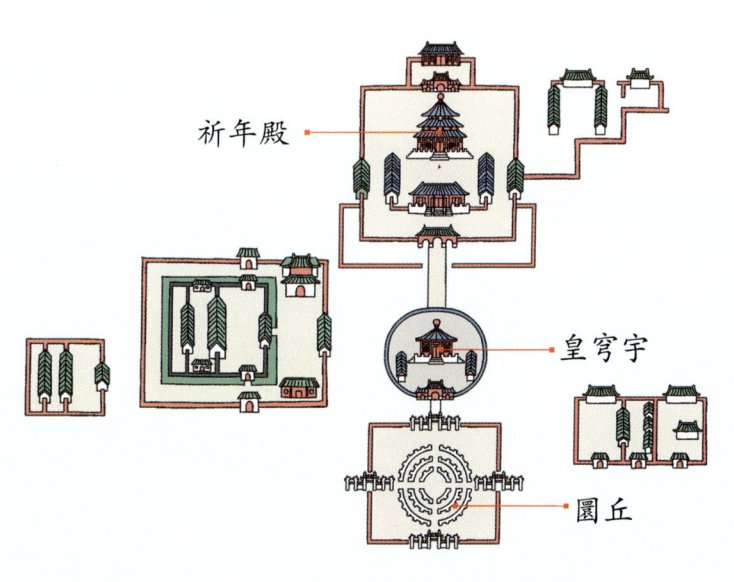

● 天坛平面示意图

天坛是世界上现存最大的古代祭天建筑群，也是我们宝贵的古代建筑财富。

殷墟——商朝历史的证明者

殷墟位于河南省安阳市小屯村周围，是商朝晚期的一个都城遗址。

约公元前 1300 年，商王盘庚将都城迁到殷（今河南省安阳市），从此定居下来。商朝灭亡以后，殷都很快变成了废墟，并被掩埋在地下，变得不为人知。

● 甲骨　　● 甲骨文

清朝末年，一位金石学家在药店出售的"龙骨"上发现了甲骨文。这些"龙骨"并不是龙的骨头，而是刻有古文字的龟甲、兽骨，上面的文字被称为"甲骨文"。这位金石学家还考证出，这些甲骨文很可能是商朝的文字。后来，人们继续探索，最终确定，这些甲骨来自河南安阳，而那里就是史书中记载的商朝都城殷。

自殷墟发现以来，共出土了约 15 万片甲骨，其中能认出来的汉字超过 1700 个。在此之前，中国夏商时期的历史一直不被世界承认，而殷墟的发现，证明了商朝是真实存在的，将中国历史往前推了近千年。

除了甲骨文，殷墟还出土了大量青铜器、玉器、骨器等。在小屯村北面发现的妇好（商王武丁的配偶）墓，是我国目前发现的唯一一座保存完整的商王室成员墓葬。此外，我国目前已发现的最大、最重的青铜器——后母戊鼎，也是从殷墟出土的。

● 妇好鸮（xiāo）尊
妇好墓出土的青铜酒器，鸮即猫头鹰。

● 后母戊鼎
高133厘米，重875千克。

福建土楼——泥土筑成的堡垒

见惯了高楼大厦、青砖瓦房，你知道古代老百姓用土筑成的楼房有多坚固吗？在福建有许多坚固如堡垒的建筑，它们就是当地客家人和闽南人独有的大型楼房——土楼。

土楼主要修建于中原动乱、人们被迫向南方迁徙的时候，比如唐末、南宋末年、明末清初等。中原人初来乍到，只能在当地人不愿居住的山区落脚，那里经常有野兽出没，还有强盗劫掠，定居和创业都很艰难。于是，融生活和防御功能为一体的土楼诞生了。

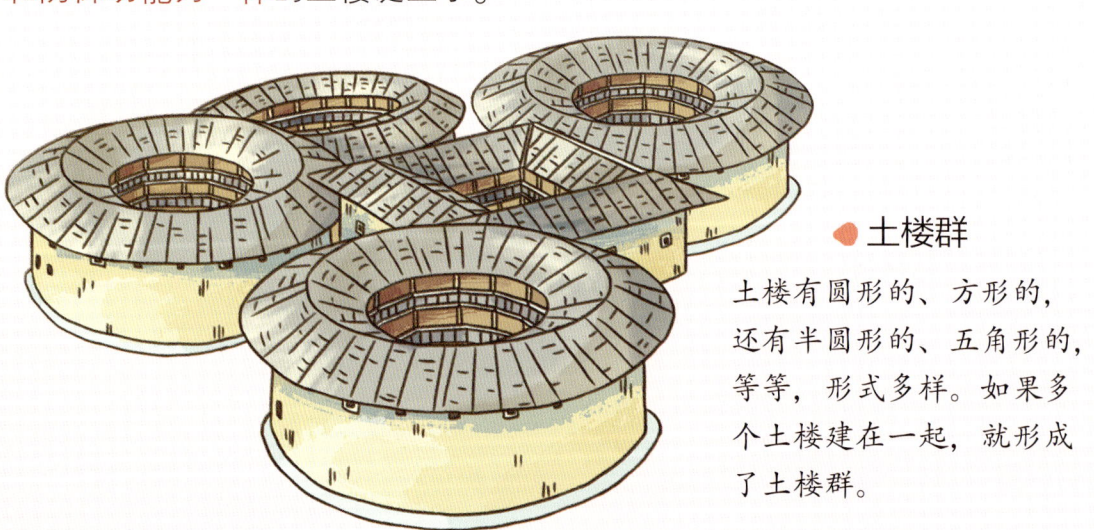

● 土楼群

土楼有圆形的、方形的，还有半圆形的、五角形的，等等，形式多样。如果多个土楼建在一起，就形成了土楼群。

目前福建各处的土楼共有3000多座，主要集中在闽西南和泉州、漳州等沿海地区，其中闽西南的土楼主人多为客家人，沿海地区的土楼主人多为闽南人。

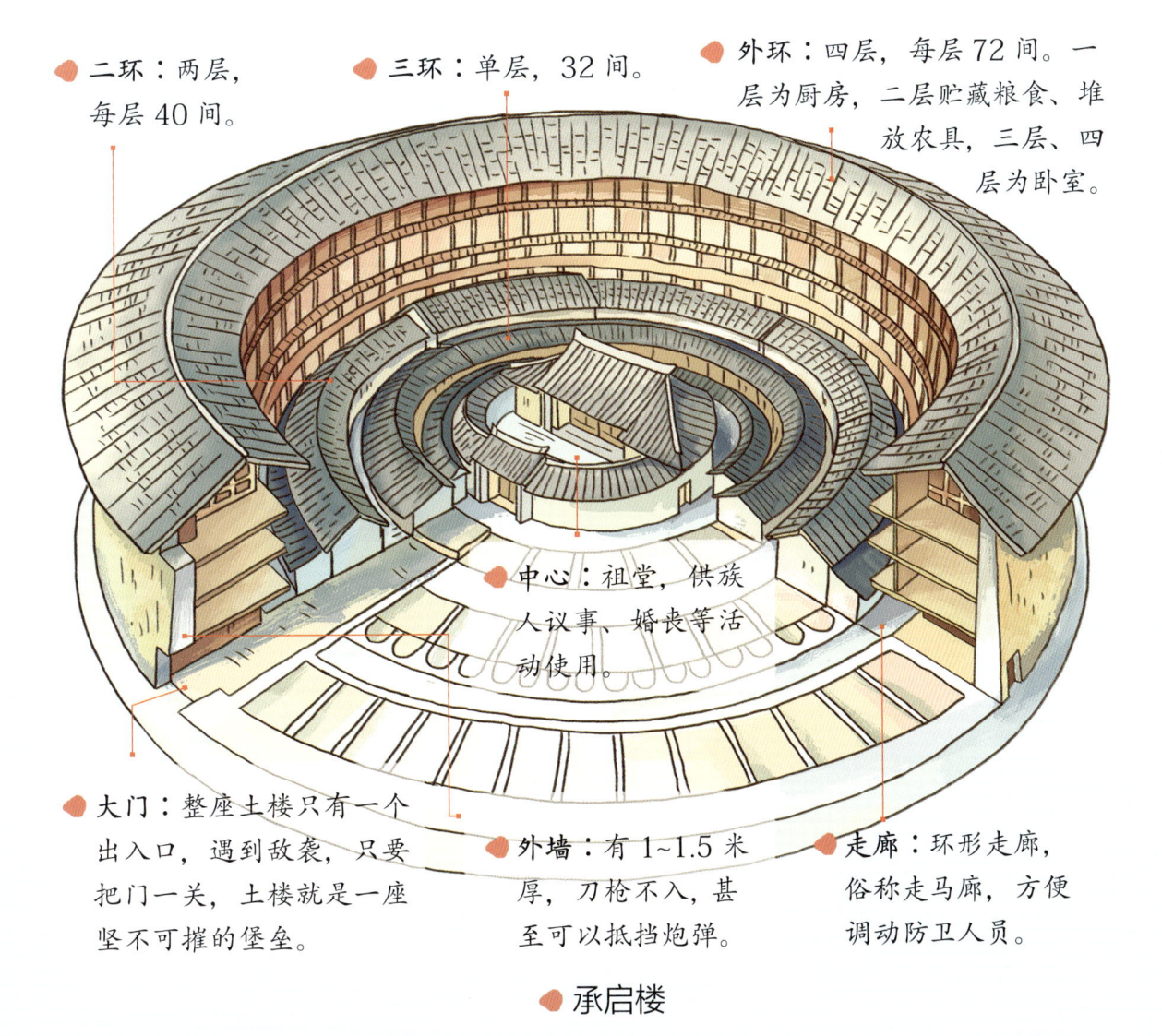

- 二环：两层，每层40间。
- 三环：单层，32间。
- 外环：四层，每层72间。一层为厨房，二层贮藏粮食、堆放农具，三层、四层为卧室。
- 中心：祖堂，供族人议事、婚丧等活动使用。
- 大门：整座土楼只有一个出入口，遇到敌袭，只要把门一关，土楼就是一座坚不可摧的堡垒。
- 外墙：有1~1.5米厚，刀枪不入，甚至可以抵挡炮弹。
- 走廊：环形走廊，俗称走马廊，方便调动防卫人员。

● 承启楼

"高四层，楼四圈，上上下下四百间；圆中圆，圈套圈，历经沧桑三百年"，说的是位于福建省龙岩市的承启楼。承启楼修建于清康熙年间，由4个同心圆的环形建筑组成，直径60多米，共有402个房间，鼎盛时能住600多人，现在仍有不少人居住。

西湖——四季风景皆是诗

湖光山色,烟柳画桥,四季风景皆是诗——这说的就是西湖,我国十大风景名胜之一。

西湖是市内湖泊,位于杭州市区的西部,"西湖"之名由此而来。2000多年前,西湖曾是钱塘江的一部分,后来因为泥沙堆积,从钱塘江分离出来,变成了湖。

历史上很多名人曾在杭州当官,比如唐朝时期的白居易,曾担任杭州刺史,他兴修水利,疏通西湖,为杭州做了很多好事。

雷峰塔

五代十国时期，杭州是吴越国的都城，吴越国国王崇信佛教，在西湖周围兴建了大量的寺庙、宝塔等，著名的雷峰塔、保俶（chù）塔就是那时建造的。

北宋时期，苏轼担任杭州太守，对西湖的治理做出了很大贡献。他动员20万民工疏浚西湖，并用挖出来的淤泥，堆筑了一条横贯湖面的长堤，它就是现在的苏堤。

自古以来，无数的文人墨客、商人官员来这里游览，无不流连忘返。西湖还流传着"白蛇传""梁山伯与祝英台""苏小小"等民间传说和神话故事，这给西湖增添了几分神秘色彩。

红河哈尼梯田
——中国最美的山岭雕刻

世界上很多地方都有梯田，但如果你来到云南哀牢山，看到红河南岸连片的红河哈尼梯田，定会感叹，没有其他地方的梯田会比这里的更美、更壮丽、更令人震撼了！

红河哈尼梯田分布在元阳、红河、金平、绿春四县的崇山峻岭之中。绚丽的梯田与寨、林、云海交相辉映，流光溢彩，异常壮观。

● 长街宴

哈尼族的传统习俗，一年一度，十分盛大。宴席期间，人们拿着筷子，从"龙头"一直吃到"龙尾"，互相祝福事事顺利、平安幸福。

哈尼梯田有着独特的生态模式：森林在上、村寨居中、梯田在下，水系贯穿其中。因为森林为梯田提供了水源，是梯田的母亲，因此森林在哈尼族人心中有着神圣的地位。哈尼族人热爱森林、敬畏森林、保护森林。

红河哈尼梯田到现在已有1300多年的历史，良好的生态循环系统和保护森林的理念，让哈尼梯田至今仍保持着旺盛的活力，养育着哈尼族等10个民族的100多万人口。

● **蘑菇屋**

哈尼族人住的房子总共分三层，一层养牲畜，二层住人，顶层用作仓库，棚顶用茅草盖起来，远远看去就像一个大蘑菇。

大运河——千年之运，大工之河

大运河包括隋唐大运河、京杭大运河和浙东运河三部分，是世界上开凿最早、长度最长、规模最大的运河。

隋朝历史中，最广为人知的大事件莫过于隋炀帝为坐龙舟游江南而开凿了大运河。其实，隋炀帝并非只为了一己之私。我国河流大多为东西走向，南方的粮食不易运到北方，开通大运河，可以有效地沟通南北水路。因此，隋炀帝将不同时期的运河全线贯通，形成了以洛阳为中心的隋唐大运河。

元朝时，定都大都（今北京），为了沟通大都和江南的内陆运输水道，忽必烈下令开凿了会通河、通惠河等河道，形成了中国大运河的第二次南北大贯通，也就是今天的京杭大运河。

大运河的最南段是浙东运河，它西起杭州，东到宁波，最后经甬（yǒng）江入海。

大运河经过 8 个省级行政区，跨越 3000 多千米，沟通了海河、黄河、淮河、长江、钱塘江五大水系，在中国国家统一、政权稳定、经济繁荣、文化交流和科技发展方面发挥了巨大作用，是一项杰出的人类工程。

丝绸之路——跨越千年的文明之路

在我国众多的世界遗产中，有一项比较特殊，它由中国、哈萨克斯坦、吉尔吉斯斯坦三个国家联合申报并最终成功申遗，是我国首个也是目前唯一一个跨国项目，它就是著名的"丝绸之路：长安－天山廊道的路网"。

丝绸之路起源于西汉时期。汉武帝时，张骞奉命出使西域，开通了一条连接西域与西汉的商贸通道，因为这条商道上运输的主要商品是中国出产的丝绸，因此它后来被称为"丝绸之路"。

丝绸之路以汉唐都城长安（今西安）/洛阳为起点，途经甘肃、新疆，到达中亚、西亚，并连接起地中海各国的陆上通道，是世界上路线最长、影响最大的文化路线。

● **高昌故城**（新疆吐鲁番）

曾是吐鲁番盆地的第一大中心城镇，见证了古代西域地区高昌、高昌回鹘等文明。

● **麦积山石窟**（甘肃天水）

河西走廊地区仅次于敦煌莫高窟的大型石窟，以泥塑闻名世界，被誉为"东方雕塑陈列馆"。

"丝绸之路：长安–天山廊道的路网"项目全长5000千米，包括古丝绸之路从长安/洛阳到中亚七河地区的路线，以及相关古遗址遗迹。项目共涉及 33处遗产点，其中中国22处、哈萨克斯坦8处、吉尔吉斯斯坦3处。